A dialética

A dialética

Alexandre de Oliveira Torres Carrasco

FILOSOFIAS: O PRAZER DO PENSAR
Coleção dirigida por
Marilena Chaui e Juvenal Savian Filho

wmf **martinsfontes**
São Paulo 2016

*Copyright © 2016, Editora WMF Martins Fontes Ltda.,
São Paulo, para a presente edição.*

1ª edição 2016

Edição de texto
Juvenal Savian Filho
Acompanhamento editorial
Helena Guimarães Bittencourt
Revisões gráficas
Letícia Braun
Ana Paula Luccisano
Edição de arte
Katia Harumi Terasaka
Produção gráfica
Geraldo Alves
Paginação
Moacir Katsumi Matsusaki

Dados Internacionais de Catalogação na Publicação (CIP)
(Câmara Brasileira do Livro, SP, Brasil)

Carrasco, Alexandre de Oliveira Torres
A dialética / Alexandre de Oliveira Torres Carrasco. – São Paulo :
Editora WMF Martins Fontes, 2016. – (Filosofias : o prazer do pensar /
dirigida por Marilena Chaui e Juvenal Savian Filho)

ISBN 978-85-469-0049-7

1. Dialética 2. Filosofia 3. Heráclito, de Éfeso 4. Montaigne, Michel
de, 1533-1592 5. Platão I. Chaui, Marilena. II. Savian Filho, Juvenal.
III. Título. IV. Série.

16-02280   CDD-160

Índices para catálogo sistemático:
1. Dialética   160

Todos os direitos desta edição reservados à
Editora WMF Martins Fontes Ltda.
Rua Prof. Laerte Ramos de Carvalho, 133 01325-030 São Paulo SP Brasil
Tel. (11) 3293-8150 Fax (11) 3101-1042
e-mail: info@wmfmartinsfontes.com.br http://www.wmfmartinsfontes.com.br

SUMÁRIO

Apresentação • 7
Introdução • 9

1 Nadando com Montaigne • 21
2 De Heráclito ao *Sofista* de Platão: as voltas que a contradição dá • 31
3 O avesso da dialética • 53
4 A dialética e suas aventuras • 63
5 Conclusão • 69

Ouvindo os textos • 75
Exercitando a reflexão • 91
Dicas de viagem • 94
Leituras recomendadas • 96

APRESENTAÇÃO
Marilena Chaui e Juvenal Savian Filho

O exercício do pensamento é algo muito prazeroso, e é com essa convicção que convidamos você a viajar conosco pelas reflexões de cada um dos volumes da coleção *Filosofias: o prazer do pensar.*

Atualmente, fala-se sempre que os exercícios físicos dão muito prazer. Quando o corpo está bem treinado, ele não apenas se sente bem com os exercícios, mas tem necessidade de continuar a repeti-los sempre. Nossa experiência é a mesma com o pensamento: uma vez habituados a refletir, nossa mente tem prazer em exercitar-se e quer expandir-se sempre mais. E com a vantagem de que o pensamento não é apenas uma atividade mental, mas envolve também o corpo. É o ser humano inteiro que reflete e tem o prazer do pensamento!

Essa é a experiência que desejamos partilhar com nossos leitores. Cada um dos volumes desta coleção foi concebido para auxiliá-lo a exercitar o seu pensar. Os temas foram cuidadosamente selecionados para abordar os tópicos mais importantes da reflexão filosófica atual, sempre conectados com a história do pensamento.

Assim, a coleção destina-se tanto àqueles que desejam iniciar-se nos caminhos das diferentes filosofias como àqueles que já estão habituados a eles e querem continuar o exercício da reflexão. E falamos de "filosofias", no plural, pois não há apenas uma forma de pensamento. Pelo contrário, há um caleidoscópio de cores filosóficas muito diferentes e intensas.

Ao mesmo tempo, esses volumes são também um material rico para o uso de professores e estudantes de Filosofia, pois estão inteiramente de acordo com as orientações curriculares do Ministério da Educação para o Ensino Médio e com as expectativas dos cursos básicos de Filosofia para as faculdades brasileiras. Os autores são especialistas reconhecidos em suas áreas, criativos e perspicazes, inteiramente preparados para os objetivos dessa viagem pelo país multifacetado das filosofias.

Seja bem-vindo e boa viagem!

INTRODUÇÃO

> Bem a conheces, tua mesa. Cartas, artigos, poemas
> saíram dela, de ti. Da dura substância,
> do calmo, da floresta partida elas vieram,
> as palavras que achaste e juntaste, distribuindo-as.
>
> A mão passa
> na aspereza. O verniz que se foi. Não. É a árvore
> que regressa.
>
> *Indicações*, Carlos Drummond de Andrade.

Em uma discreta passagem do ensaio "Da experiência", capítulo XIII do terceiro livro de seus *Ensaios*, Michel de Montaigne (1533-1592) tangencia, à sua maneira particular, o centro de nosso assunto: a dialética.

Ao referir-se aos escritos de Heráclito de Éfeso (535-475 a.C.), Montaigne os apresenta como textos que exigem um leitor "bom nadador", a fim de não ser nem engolido nem sufocado pelo peso da doutrina do filósofo pré-socrático.

Neste livro, sendo menos dialéticos e mais didáticos, seguiremos a pista de Montaigne e tentaremos "nadar bem", junto com os leitores, para dar conta do significado da palavra *dialética* e de seu conceito.

Não é tarefa simples. O termo *dialética* serve aos mais variados usos e abusos, fazendo correr o risco de assimilá-lo a uma técnica falaciosa, mero direito à tagarelice e ao palavrório. Mas, aqui, quase sem querer, aparece curiosamente a primeira definição "negativa" da dialética: jogo vazio de palavras, arremedo do espírito de contradição não organizado e disfarçado da mais aguda ciência das coisas (lembrando mais ou menos o que atesta a personagem de Denis Diderot, 1713-1784, um certo sobrinho de Rameau, completamente descomplexado e que bem poderia ser colocado no possível panteão dos dialéticos).

Há que se considerar, portanto, que a acusação "negativa" não é simplesmente vazia, como já advertia Platão (428-348 a.C.), no diálogo *O sofista*, ao refletir sobre o *não ente*: falar daquilo que *não é* equivale a assumir que, de algum modo, ele *é*, uma vez que "aquilo que não é" pode ser dito. A dialética, assim, já aparece menos como o vazio de um movimento gratuito ou uma fraseologia sem grandes compromissos e mais, certamente mais, como o *vazio* de um movimento que, no entanto, é *concreto*, *real*, e tenta apanhar um conteúdo, negando-lhe uma forma que o estabilize.

Oscilação entre o avesso e o direito de um mesmo sentido, mediante um *vazio* muito próprio: eis a nossa quase primeira definição de dialética. Mas o que seria esse movimento *negativo* ou esse vazio em um *certo movimento* do qual apenas a dialética e seus acólitos saberiam se aproveitar?

A resposta é o que se pretende apresentar nas páginas que seguem.

Que os leitores fiquem atentos: em se tratando de dialética, a obscuridade é experiência obrigatória (aliás, desde Heráclito, a quem foi dado o epíteto de "o obscuro" por causa da complexidade tanto de seu comportamento como de seu pensamento). Não seria surpresa, dessa feita, ao se aceitar e se assumir tão prontamente a obscuridade da dialética, presente por toda parte – os deuses também frequentam a cozinha, vale dizer –, que essas tentações especulativas já no início desta apresentação espantem algum leitor (se não todos). Mas voltemos ao nosso ponto de partida, antes que ele seja o ponto de chegada, em inversão tipicamente dialética.

Vejamos de mais perto a passagem de nosso primeiro professor de dialética. Tomando como ponto de partida a tirada de Montaigne, assume-se que é possível dela tirar alguma dialética, senão toda; afinal, talvez não haja alguma dialética senão quando houver toda ela. A dialética, então, também está nos detalhes; e o diabo anda solto, no meio da rua ou no canteiro de obras, a depender de quem fala.

Para tirar a dialética da cartola, não teríamos de a ter colocado lá antes, tal como o mais óbvio prestidigitador? Seria o caso de supor que a magia prescinde do são entendimento? O mais próprio do ato mágico é esconder suas origens, mas aqui o esforço vai justamente no sentido contrário, ao menos na mais sincera intenção. Na passagem ao detalhe, ao mobilizarmos alguma dialética, caberia já mobilizarmos uma dialética inteira: a melhor mágica é a que se antecipa ao efeito mágico, na forma e não no conteúdo, como sói acontecer com os melhores enganadores. Ou, para piorar o embrulho em que nos metemos, toda dialética está exatamente nisto: em localizar o centro à margem, mágica das mágicas.

Já há aqui um bom tanto de espírito heraclitiano, do conhecido espírito de contradição ainda não organizado; e essas voltas no vazio – o que é afinal a tal dialética? – não nos afastam do tempo da dialética, antes o prefiguram. Mas não nos antecipemos às apresentações. Não nos antecipemos porque tal ponto de partida vai ao encontro de outra máxima dialética, e as duas, em conjunto, exprimem o espírito desta apresentação: costuma-se dizer que a dialética prescinde de preâmbulo, prefácio ou exórdio, trazendo de si para si a marca do que é, ela mesma se apresentando sem a menor cerimônia tal e qual. Essa seria, aliás, uma de suas características centrais.

Sub-repticiamente, já assumimos aqui que a dialética é uma língua que não se traduz senão nela mesma, a seu modo. Seria como se disséssemos que não pode haver estudo gramatical anterior à língua de que a gramática é tributária. Mesmo se considerarmos a imperfeição dessa analogia e da contingência que caracteriza o segundo termo da analogia (uma vez que não há língua que nasce do nada), o essencial está nisto: não se apresenta a dialética prescindindo dela própria; e o que caberia de simplicidade nesta apresentação cabe igualmente de dialética, sob pena de falsificarmos nosso objeto e de dar aos leitores o devido direito de ter seu ingresso de volta.

Poderíamos dizer: a dialética prescinde de apresentação, pois só a entende quem a ouve imediatamente, de modo familiar, como se se falasse ao ouvido nos termos de seus sussurros. Há que se reconhecer alguma presunção na última afirmação: não se trata de pensar em iniciados de uma sociedade secretíssima. A dialética é igualmente a capacidade pedestre de julgar o certo e o errado, como já atestou Hegel (1770--1831), o próprio, para muitos igualmente obscuro, embora não nessa tirada, para surpresa dos hegelianos.

Resumamos: se há língua dialética, há de haver pensamento dialético, mas nem um nem outro se vê "de fora", nem estabelece o seu "fora" à maneira da lógica do entendimento e da identidade ou do "branco branco, preto preto". Melhor ainda: nem um nem outro se permite ver "de fora". A dialética convida o interlocutor para o interior de seu discurso, o branco é preto, o preto é branco, sem as cerimônias sem-fim de uma filosofia dos fundamentos, aquela que quebra a cabeça procurando saber quem veio primeiro, o ovo ou a galinha. Esse é o convite que ora fazemos, nos termos de Montaigne, excepcional anfitrião.

Sigamos, pois. Já se pode notar que quanto mais obscuras ficam essas voltas em torno do começo desta modesta apresentação da dialética, mais dialética fica a apresentação, sem muito receio de falsa modéstia.

Não se deve, porém, contar com tanta boa vontade de nossos leitores e, antes de os colocarmos simplesmente nesse centro bastante excêntrico, à bombordo e à estibordo, no qual se encontraria "a" dialética, vale tentar aproximarmo-nos do tema por vias não tão diretamente dialéticas, embora, ainda sim, mediatamente dialéticas e, por isso mesmo, ainda mais "dialeticamente dialéticas", com o perdão do pleonasmo e das tantas voltas que a dialética pode dar e nos faz dar.

Diz-nos Montaigne, no capítulo XIII do livro III dos *Ensaios*: "*nisso* se reencontra o que dizia Crates dos escritos de Heráclito: eles exigem um leitor 'bom nadador', a fim de não ser nem engolido nem sufocado pelo peso da doutrina" (MONTAIGNE, M. "Essais". In: *Oeuvres completes*. Paris: Gallimard, 1962, p. 1.045. Tradução e grifo nossos).

"Leitor bom nadador": a imagem é justa para exprimir o que de nós exige a dialética (e já vem exigindo dos leitores que já chegaram). A doutrina pesa em confusão e podemos nos afogar no rio heraclitiano. Notemos, porém, a sutileza: não se nada em qualquer *vazio*, ainda que a água pareça vazia de solo, de "chão", de apoio para quem dá as primeiras braçadas. Nada-se *em certo* vazio. É verdade que parece exigência demais, nesse pequeno texto, teimar com tantas idas e vindas, mas o recado não parece tão absurdo: o sentido se organiza "estranhamente"; não basta ter dele "entendimento" nem buscar conhecer-lhe "a razão". Apresentar a dialética recusando de pronto uma definição de dicionário, recuperando em pretensão o espírito cifrado e enigmático, respeitando no texto de Montaigne a antiga personagem de Heráclito de Éfeso, não deve ser gratuidade de estilo nem ideia fixa ou mania. Trata-se de uma estratégia para fazer vir à tona o seguinte: aquilo que soa estranho deve ser entendido como algo que soa com outra afinação.

Antes de compreender o papel de Heráclito no que poderíamos chamar de história e crônica de certa tradição de pensamento, e igualmente antes de compreender a que o pronome demonstrativo *nisso* se refere na passagem de Montaigne, perguntemos ingenuamente o quanto a expressão *leitor bom nadador* indicaria a nós o problema em curso aqui. Já *como* leitores bons nadadores, questionemos qual o sentido e a finalidade de nadar (de braçadas) em um texto que não dá pé?

As metáforas aquáticas, aliás, não são estranhas ao ato de leitura: falamos muito naturalmente da profundidade de um texto e de mergulho em um livro. Mas o que significa um leitor bom nadador? A doutrina seria assim tão fluida a ponto de perdemos o pé e ir ao fundo, morrendo afogados em um palavrório inconsequente? Não seria o cúmulo do paradoxo morrer afogado em uma profusão de sentidos porque não conseguimos agarrar-nos a nenhum deles? Haveria uma secura nos textos, economizando o sentido oferecido até chegar, de escassez em escassez, à total inanição? Tão líquida mas igualmente tão pesada já seria uma onda, uma massa de água se deslocando sem que dela se adivinhassem a exata direção, a dimensão do impacto, a força da massa, uma abundância que subverte o sentido das coisas. Essa massa líquida e densa exige uma habilidade específica: que entremos no texto.

Só nada quem perde o medo da água. Ninguém aprende a nadar na "teoria".

O texto, seus modos de estilo e seu pensamento exigem um mergulho que já exercitamos desde os primeiros parágrafos: o fundamento de nadar é a sua prática, ou melhor, o fundamento de nadar é o fato de que nadar não tem fundamento, até que se nade. Quem resiste a nadar e, por força das circunstâncias, entra na água normalmente se afoga, experiência nada agradável. Se não resistirmos ao impacto da água e se o nosso corpo aceitar o estranho conforto e desconforto de estar envolto em água, mas sem chão, enfim, se nadarmos, algo como que uma nova ciência espontânea se arma em nós.

Mas não apenas nademos. Naveguemos também. Seria como se esse mar em que se navega – o de excesso de sentido, denso e liquefeito – não permitisse ser adentrado senão em alta navegação. Uma caravela no meio do oceano-tudo não se perde, mas encontra outro continente: a água do sentido pode escorrer pelos dedos; e o mar heraclitiano só domina quem o navegar. É sabida e decorada, portanto, a velha lição: navegar é preciso. Nem pacífico nem ininteligível, o mar não permite que tomemos o sentido como um objeto recebido com atestado e protocolo, mas tão somente como meio em que se movimenta. Nadamos, então, navegamos e, por vezes, boiamos à deriva, cercados dos horizontes marinhos do oceano-mar heraclitiano. Ele não é conteúdo, é meio e movimento. Se cansarmos e caso não saibamos nadar, o provável é ir ao fundo de seus excessos: fluidez de sentido, liquefação de significados, vazio de solo. A doutrina transborda, afoga, mareia; e ir ao fundo, aqui, nada tem que ver com a maior compreensão de alguma coisa, mas com a falta de jeito para se mover nesse meio especial e específico.

Daí o sentido inaugural da passagem de Montaigne: ela nos mostra o quanto o pensamento dialético exige que façamos corpo com ele, que o tomemos às braçadas, que dele depreendamos um movimento e uma mobilidade. Aqui se define todo seu estilo e forma. Em vez de instrumento, a dialética é meio, modo e conteúdo. Dado seu estado – vale dizer, dialético –, o sentido transborda. Agora é com vocês, leitores bons nadadores.

1. Nadando com Montaigne

A passagem de Montaigne, explorada na Introdução, é extraída de um capítulo intitulado "A experiência", no seu livro *Ensaios*.

Esse dado é sugestivo. Do que fala Montaigne? Da própria experiência, por óbvio. Mas que experiência é essa?

Voltemos ao próprio Montaigne, quer dizer, voltemos ao nosso começo, em movimento tipicamente dialético. Em suas palavras, "não há desejo mais natural que o desejo de conhecimento. Nós tentamos conhecer por todos os meios possíveis. Quando nos falta a razão, empregamos a experiência, que é um meio mais fraco e menos digno para conduzir ao conhecimento. A razão tem tantas formas que mal sabemos qual devemos tomar, tal qual a própria experiência. A consequência que queremos tirar da semelhança dos acontecimentos é tanto mal assegurada quanto eles são sempre dessemelhantes: não há nenhuma qualidade tão universal na imagem das coisas quanto a diversidade e a variedade" (MONTAIGNE, M., *op. cit.*, p. 1.041. Tradução nossa).

A experiência que se anuncia, como fecho do livro dos *Ensaios*, é a experiência da variedade e da dessemelhança. O que isso tem que ver com o que acabamos de sugerir nos parágrafos anteriores? Tem um nexo importante: a variedade da experiência se exprime por meio de uma profusão de sentidos que se superpõem ou se justapõem para exprimir um mesmo fato, um mesmo estado, um mesmo momento: as coisas transbordam.

A grande invenção dos *Ensaios* de Montaigne está em desdobrar-se de maneira exemplar no próprio ensaio como forma. Montaigne mesmo o diz: "Outros formam o homem, eu o narro e isso faço a partir de um particular malformado, o qual, se eu tivesse de fazê-lo novamente, eu o faria verdadeiramente bem outro. Mas sou eu; e está feito. Ora, os traços de meu retrato não se fixam; pelo contrário, mudam e se diversificam. O mundo não é senão essa agitação, esse movimento perene. [...] Eu não pinto o ser, eu pinto a passagem. Não uma passagem de uma idade a outra ou, como diz o povo, de sete em sete anos, mas o dia a dia, minuto a minuto. Preciso acomodar minha história à hora que passa" (MONTAIGNE, M., *op. cit.*, p. 782).

Essa última citação vem do capítulo II do livro III dos *Ensaios*, e nela Montaigne define a si mesmo. Contudo, não devemos nos fiar demasiado abertamente diante de tanta sinceridade: é o narrador dos ensaios que se define, um narrador moderno que pouco a pouco vai abrir mão do decoro retórico que até então o caracterizava e o estabilizava. Ao fazer isso *moto continuo*, ele se põe na escala frenética de um tempo presente, fragmentado, disperso, dessemelhante e consequentemente inundado de sentidos que não se ordenam conforme algum ponto fixo e imutável. Segue a variação incessante e não poucas vezes inconsequente da hora que passa. Tudo é vário e irregular, tudo é dessemelhante, tudo é profusão de sentidos.

Tal narrador será perfeitamente adequado a encontrar a experiência de que o próprio Montaigne fala no capítulo XIII do livro III e que nos serve aqui de mote. A experiência é vária e irregular, um mar sem-fim. Assim como o próprio narrador dos ensaios, ela não se resolve, não se firma, não se fixa. Narrador e narrativa convergem para uma mesma forma: essa também é uma lição de dialética.

Há que se considerar, todavia, que a aproximação mais ou menos óbvia que fazemos entre o narrador e seu objeto, do ponto de vista inaugural de Montaigne, vale menos como atestado da sofisticada e clássica arquitetura dos *Ensaios* e mais para mostrar o quanto experiência e narrativa convergem a uma mesma língua, fluida, líquida, disforme: é o espírito de contradição organizado *avant la lettre*.

A variedade da experiência e a sua recorrente dissimilitude em relação à própria razão não são efeitos de uma projeção subjetiva, mas são efeitos símiles de uma mesma ordem presente na Natureza: a dissimilitude, a variedade, a não universalidade imediata. É dessa situação que se desdobra o espírito da dialética.

A Natureza assim age pois se viu obrigada a nada fazer senão o que fosse dessemelhante; e a experiência humana – em alguma medida a experiência do sentido humano – igualmente não foge disso. Afinal, nunca dois homens julgaram de modo paralelo a mesma coisa; é impossível ver duas opiniões exatamente semelhantes, não apenas em diversos homens, mas também no mesmo homem e em diversas horas.

O corolário dessa constatação – fecho de um livro e de uma vida, no caso de Montaigne –, no capítulo XIII do livro III dos *Ensaios*, não poderia ser diferente: "Nenhum espírito generoso se detém aqui ou lá: ele tem elãs para além de seus efeitos; se ele não avança e não se apressa, se não se sente encurralado e se choca, ele não vive senão pela metade, suas perseguições são sem termo e sem forma, seu alimento é a admiração, a caça, a ambiguidade" (MONTAIGNE, M., *op. cit.*, p. 1.045. Tradução nossa).

É disso que a máxima de Crates (365-285 a.C.) nos dá exemplo: variedade, multiplicidade, dessemelhança, dissimilitude, a não universalidade imediata, tudo isso sem nenhuma ordem convencional que o alinhave, sem forma que o pacifique, mas tudo dado a uma desordem que se alimenta e se unifica, na qual a dessemelhança não se dá apenas de fato a fato, de homem a homem, mas no mesmo fato e no mesmo homem. Nesse mar se movem correntes visíveis e invisíveis, divergentes e diversas; e o movimento do mundo, com a prosa do mundo, acumula mais e mais sentido, formando um oceano ora tormentoso, ora de uma calmaria inexplicável.

Esse é o sentido de tudo que inunda, vai tomando o corpo das coisas, e afoga o leitor. Não porque seja simplesmente sentido. Mas porque é sentido que não cessa de ser, a seu modo contraditório, irregular, selvagem, que não converge para uma identidade que o estabiliza, mas que é sentido novo e antigo, sentido que foi e que vem, põe-se ao lado, de viés, presente, acumula-se. Esse é o exemplo da doutrina de um tal Heráclito, em que os opostos não se sucedem, e sim coabitam, convergem em divergência, se dão no mesmo homem e no mesmo fato. Se os braços dos leitores se cansarem, se eles forem ao fundo, não será, entretanto, no fundo do abismo ou cemitério marinho que eles conhecerão a paz da identidade (típica de quem pensa que A = A), tão antidialética. Se eles tiverem a sorte dos principiantes, devida a todo principiante, terminarão na faixa da arrebentação dos vários sentidos que se cruzam e se recortam, exaustos e sem uma justa palavra que lhes traga fôlego. Mas o mar heraclitiano ainda está lá; e da espuma da arrebentação à boca da baía, o mar não é menos mar que o alto-mar dos oceanos.

Montaigne é, portanto, estratégico: da torre em que ele vivia cercado por suas máximas e na qual se armava com o renascimento de algo tardio, ele acompanha dois mundos simultaneamente (nada mais dialético!) e produz algo como a utopia de sua convivência: a Antiguidade clássica, suas quase ruínas em textos e excertos exemplares, comentados à maneira escolar, no melhor sentido do termo, por uma legião de bem-nascidos em vias de se tornar o primeiro público leitor moderno. Na sua esteira, vinham a vivacidade e a fluência dos temas e problemas morais da Antiguidade, repentinamente presentes e atuais em outro tempo, a Modernidade em estado nascente, marcada por índices e estruturas de longa duração: a cidade retomava o seu lugar central na vida do espírito; os Estados nacionais eram instituídos; a religião e a fé, pouco a pouco e não sem guerra, passavam a ser elementos da vida privada; a própria vida privada aparecia em oposição à vida pública. Como efeito mais sutil dessas mudanças, inventava-se (ou reinventava-se) a subjetividade.

Eis outro motivo para Montaigne servir-nos de mote neste livro: a bom meio-caminho entre a cosmologia heraclitiana e a dialética hegeliana, com sua notável posteridade – Karl Marx (1818-1883) e Theodor Adorno (1903-1969), para ficarmos no óbvio incontornável –, Montaigne nos ajuda a entender e simultaneamente formar um modesto arco narrativo que vai da *phýsis* heraclitiana à *negação da negação*, com o claro propósito que ora manifestamos: decantar certo pensamento e certa tradição dialéticas.

O sentido moderno da dialética faz essa notável passagem, figurada por nós por meio dos ensaios de Montaigne: da experiência moderna da subjetividade à experiência da contradição. Pouco a pouco, toma corpo o que se chamou de *lógica dialética*: a contradição ou o mar de sentido tem forma; e forma lógica, como veremos, redesenhando em detalhe igualmente o problema do universal e do singular. Sigamos, porém, ainda mais um tanto as primeiras pistas que nos dá Montaigne.

O profundo motivo montaigniano, moderno por excelência, dá-nos, enfim, uma deixa consequente para que sigamos e comecemos a fazer uma pequena crônica histórico-especulativa da dialética. Dá-nos o espírito e o sentimento da dialética. Arrematemos esse primeiro desenvolvimento com a passagem de um notável leitor bom nadador, que fez as idas e vindas do caminho de um pensamento que não se conforma (nada mais dialético!). A passagem é um pouco longa, mas vale o fôlego que acumulamos até aqui: "Acredita-se ter tudo dito dele, chamando-o de cético, ou seja, alguém que interroga e não responde, recusando mesmo confessar que nada sabe e atendo-se ao célebre '*o que eu sei?*'. Isso não vai longe. O ceticismo tem duas faces. Significa que nada é propriamente verdadeiro, mas também que nada é propriamente falso. Ele rejeita como absurdas *todas* as opiniões e *todas* as condutas, mas não nos dá os meios de rejeitá-las como falsas. Destruindo a verdade dogmática, parcial ou abstrata, o ceticismo insinua a ideia de uma verdade total, com todas as facetas e todas as mediações necessárias. Se multiplica os contrastes e as contradições, é que a verdade assim o exige. Montaigne começa por ensinar que toda a verdade se contradiz e talvez termine por reconhecer que a contradição é a verdade. *Eu me contradigo venturosamente, mas a verdade, como dizia Dêmades* [380-318 a.C.], *eu não a contradigo absolutamente.* A primeira e a mais fundamental das contradições é aquela por meio da qual a recusa de cada verdade descobre um novo tipo de verdade. Nós encontramos, pois, tudo em Montaigne, uma dúvida assentada sobre ele próprio e sem-fim, a religião, o estoicismo. Seria vão supor que ele exclua ou faça sempre *sua* cada uma dessas 'posições'. Mas nesse *se* ambíguo, oferto a tudo, e que nunca encerra sua exploração, talvez ele encontre finalmente o lugar de todas as obscuridades, o mistério de todos os mistérios, e alguma coisa como uma verdade última" (MERLEAU-PONTY, M. "Lecture de Montaigne". In: *Signes*. Paris: Gallimard, 1960, p. 323. Tradução nossa).

2. De Heráclito ao *Sofista* de Platão: as voltas que a contradição dá

Retomemos e recomecemos com Heráclito de Éfeso.

Na edição francesa dos fragmentos de Heráclito, feita por Marcel Conche, encontram-se as seguintes notas biográficas sobre o filósofo pré-socrático:

"Sobre a cronologia de Heráclito, sobre suas relações com a cidade de Éfeso e os efésios, seus patrícios, o que se sabe de mais certo decorre dos fragmentos. Depreende-se do fragmento B40 que Heráclito vivia e escrevia enquanto Pitágoras [...] e Hesíodo pertenciam já ao passado e Xenófanes (que viveu, pelo menos, 92 anos, entre 580 e 470 a.C.) e Hecateu (morto depois de 494 a.C.) tinham grande notoriedade. Doutra parte, Heráclito nada diz de Parmênides (mesmo que sua crítica da noção de 'ser' o atinja implicitamente) e não o visa, já que ele não tem em vista senão o 'ser' da linguagem pré-filosófica (linguagem reificante pela qual as coisas são) e a ontologia comum. Parmênides, ao contrário, parece bem visar Heráclito quando ataca aqueles para quem 'isso é e não é, ao mesmo tempo, o mesmo e o não mesmo', e para quem 'para todas as coisas o caminho vai e volta'. Daí resulta (uma vez que pode ser considerado histórico o encontro de que fala Platão, no diálogo *Parmênides 127 b*, entre Parmênides, com a idade em torno de 65 anos, e Sócrates então muito jovem, nascido em 470-469 a.C.) que a *akmé* [fase de florescimento ou ponto médio de vida] de Heráclito (seus 40 anos) deva se situar sob o reino de Dário (522--486 a.C.)" (CONCHE, M. *Héraclite – Fragments*. Paris: PUF, 1986, p. 6. Tradução nossa).

Dessa breve notícia biográfica, circunstanciada por uma série de outros fatos para fins de precisão, desdobra-se um ponto central, um problema especulativo capital, que a filosofia pré-socrática, de certo modo, transmite e lega aos filósofos pós-socráticos, principalmente Platão e Aristóteles.

Trata-se do problema referente à oposição de corte cosmológico e ontológico entre Heráclito e Parmênides, oposição levada aos termos de uma polêmica que caracterizará fortemente alguns diálogos platônicos: de um lado, põe-se Parmênides, com a unidade e univocidade do ser; e, de outro, Heráclito, com a multiplicidade e a unidade do ser que decorreria dos contrários, da sua própria contradição, ou, nas palavras de Marcel Conche, um sistema de relações governado pela lei da unidade dos contrários.

Aqui, o termo *diferença* não é suficiente para exprimir uma filosofia que advoga a multiplicidade e, como desdobramento necessário, a unidade dos contrários. A mudança de sentidos – assumindo que o sentido dado no discurso assume o seu contrário – e sua unidade é a verdade cosmológica de tudo. Esse é o modo profundo de ser, próprio da natureza das coisas. Logo, trata-se de uma verdade cosmológica. É modo profundo do *logos*, natureza ou razão das coisas, em sentido próprio.

Opõe-se a essa filosofia da multiplicidade uma filosofia que se aferra rigorosa e radicalmente à tese da identidade do ser consigo mesmo, daquilo que é, não havendo possibilidade de o ser dizer-se de "vários modos" sem que isso ponha em flagrante contradição o enunciado. Os eleatas, ou seguidores de Parmênides de Eleia, apontam para a impossibilidade do não ser.

Eis a oposição entre Heráclito e Parmênides, embora tenha cabido ao segundo tomar para si a polêmica, a supor o que consagra a tradição. Pelo que nos informam a doxografia e a cronologia que dela se depreende, Heráclito não se opõe a Parmênides, mas este se opõe àquele, talvez em parte devido à penetração e transmissão do próprio pensamento heraclitiano na Antiguidade pré-socrática, bem como pelo fato de Heráclito ser anterior do ponto de vista cronológico. Em resumo, o que chamamos de oposição cosmológica e ontológica significa, pois, que, de um lado, Heráclito advoga um "ser das coisas" cuja multiplicidade (não exatamente de "sentidos", pois o problema não é meramente discursivo, mas ontológico e cosmológico), desdobrada em uma relação de contrários em contradição (o movimento dos contrários) não nega o "ser", mas o afirma, à maneira de um sistema de contrários que produzem unidade. Em parte, vem daí a "obscuridade" de seu pensamento. Supõe-se um ser cuja contradição ontológica e cosmológica não lhe inviabiliza a unidade; antes, é seu pressuposto. Por outro lado, Parmênides defende uma filosofia da identidade radical do ser para consigo mesmo, não havendo possibilidade de o ser não ser aquilo que é. Dessa perspectiva, toda variação e todo movimento (como quer Zenão de Eleia, 490-430 a.C., discípulo de Parmênides) seriam apenas a aparência das coisas. No limite, não poderiam "ser" de fato, reduzindo-se a uma mera ilusão.

A filosofia pós-socrática, sobretudo com Platão e Aristóteles, é herdeira dessa tradição e desse debate, precisamente no modo como as duas posições são postas em polêmica por Parmênides. O elemento mais notável nessa herança é o ajuste que se deve fazer diante da própria exigência do pensamento. Desse modo, não bastou simplesmente optar entre as duas tradições cosmológicas e ontológicas. Foi preciso dar conta de um duplo aspecto e, portanto, de um duplo ajuste. Por um lado, foi necessário considerar que a variação e a multiplicidade mesma das coisas, ainda que em termos contraditórios na aparência ou na percepção sensível, dão-se como experiência comum: o quente se torna frio; o seco, úmido; o dia, noite; e assim por diante. Por outro lado, a radicalização da multiplicidade e da variação de tudo punha em risco um operador-chave para a "ciência" ou o conhecimento das coisas: a identidade dos entes, ou, de modo mais simples, a simples identidade das coisas permanece em meio à mudança e é o que permite conhecê-las. Desse modo, conhecer as coisas em sentido próprio será saber o *como* de suas mudanças e variações e o *porquê* da invariância da coisa como tal, sem o que as coisas deixariam de ser o que são, inviabilizando, no limite, qualquer conhecimento baseado na identidade de si a si.

Exigências epistemológicas dessa ordem orientam o duplo ajuste que faz Platão e, na sua esteira, Aristóteles, em relação à herança cosmológica dos pré-socráticos. Aqui vale o exemplo canônico (e moderno) do pedaço de cera: como um pedaço de cera, podendo variar de situação e condição – do sólido para o líquido, por exemplo –, não perde nesse processo corriqueiro sua característica de "ser" cera, sua identidade de cera como tal? Ao problema aparentemente empírico superpõe-se o problema "lógico" e "ontológico": como o *ser* da cera permanece, submetido a essa variação? Como o *sentido* da cera não varia com a variação de sua "aparência sensível"?

O exemplo tal como o apresentamos já revela a opção que foi feita pela filosofia pós-socrática: por meio de um sofisticado expediente teórico, Platão desloca a variação e a multiplicidade para o sensível e, por conseguinte, redefine o escopo ontológico do sensível, a fim de salvaguardar a *Ideia* (*eîdos*) da coisa em termos de identidade consigo mesma. A identidade cosmológica e ontológica das coisas não se sujeita à variação sensível. Mais enfaticamente: a identidade A = A não se abala pela variação sensível da cera.

Esse exemplo resumido aponta para a refutação transversa e parcial do pensamento de Heráclito, deslocando o problema da contradição – a identidade dos contrários – de seu solo cosmológico e ontológico, por assim dizer, para uma camada sensível e aparente. Dessubstancializa-se cosmológica e ontologicamente a *superfície* da experiência. A contradição passa a ser variação a que se permite a substância, numa ordem que não lhe atinge o ser.

A história é mais complexa; e o expediente de Platão, mais sofisticado. De todo modo, para Platão e Aristóteles, comprometidos com certa ciência nascente e sua fundamentação, a posição monolítica (seja de Heráclito, seja de Parmênides) mostrava-se insuficiente. Muito mais insuficiente, porém, seria abrir mão da identidade, com vista ao conhecimento do mundo. De certo modo, esse movimento teórico sequestra a dialética – o pensamento da contradição e sua cosmologia – e o exila nas dobras do pensamento da identidade.

A solução platônica e aristotélica serve para preservar intacto o pressuposto parmenidiano: o princípio lógico, ontológico e cosmológico da identidade. Essa conservação estratégica – com todas as modulações necessárias e feitas para incorporar a mudança, a geração, a corrupção e o movimento das coisas no dispositivo do conhecimento – acaba por relegar a um segundo plano a radicalidade do pensamento heraclitiano.

Antes, porém, de avançarmos na solução platônica e no resultado desse embate, insistamos na radicalidade e no alcance do pensamento de Heráclito. Como sugere Marilena Chaui, "para facilitar a exposição do difícil pensamento de Heráclito", convém agrupar seus fragmentos "em cinco temas interligados: o mundo como fluxo ou vir a ser permanente e eterno; a ordem e a justiça do mundo pela guerra dos contrários; a unidade da multiplicidade; o fogo primordial como *phýsis*; e a afirmação de que o conhecimento verdadeiro é inteiramente intelectual, não podendo fundar-se nos dados oferecidos pela experiência sensorial ou pela *empiria*" (CHAUI, M. *Introdução à história da filosofia*. São Paulo: Companhia das Letras, 2010, v. I, p. 81).

Nos cinco temas propostos por Marilena Chaui, há que se notar certa unidade pressuposta que perpassa todos eles: a experiência como contradição, como embate, e não como identidade. Mesmo se pensarmos nos aforismos ligados ao "fogo primordial", seria possível pensar em termos de um processo cuja identidade é dada pela permanente mudança. Desse modo, podemos entender dois fragmentos de Heráclito (extraídos de CONCHE, M., *op. cit.*, pp. 48 e 65, com tradução nossa):

> *Sem inteligência, quando escutam, a surdos se assemelham, o dito, para eles, testemunha: presentes, são ausentes.*

> *Com o que eles têm a relação mais contínua, disso se afastam; e o que encontram cada dia, essas coisas parecem-lhes estrangeiras.*

Nos dois fragmentos, o nexo de sentido se dá por meio de um interversão do sentido posto, ou ainda, o sentido posto se explica pelo seu contrário. No primeiro caso, quem escuta age como surdo; se está presente, está ausente. Heráclito pretende indicar o modo pelo qual o sentido se realiza pelo seu contrário; o mundo é sistema de contrários e somente se estabelece como tal.

O mesmo vale para o segundo fragmento. O familiar, aquilo que encontramos a cada dia, o prosaico, tudo isso parece estrangeiro. É como se o modo de ser das coisas se realizasse ou se expressasse pelo seu contrário. Se não damos conta desse expediente, não entendemos como as coisas *fazem* sentido. Heráclito não advoga uma mera variabilidade do sensível, de tipo vulgar, como se qualquer coisa fosse tudo. Seu recorte é evidentemente mais sutil: o sentido posto se recoloca como seu contrário; daí que o familiar apareça como estrangeiro.

Em alguns fragmentos, Heráclito é suficientemente claro para indicar que o sentido do *logos*, o sentido da contradição (cosmológica, de fato) do discurso que diz as coisas, não é meramente "sensível", mas intelectual.

Desse esclarecimento vem a importância da refutação platônica. Platão também comete um "parricídio", como diz no diálogo *O sofista*, quer dizer, ele "mata" Parmênides, dando razão a Heráclito ao admitir que a contradição existe. No entanto, ao reservar a contradição ao plano aparente ou sensível das coisas, defendendo que o plano intelectual é marcado pela não contradição ou a permanência, Platão também "mata" Heráclito e opta por uma filosofia da identidade. O urgente problema de fundo consistia em saber como seria possível fazer a predicação – variação de predicados, inclusive opostos – com relação a um mesmo sujeito, sem cair em contradição.

Antes de passar ao estudo do diálogo *O sofista*, vejamos o que nos diz Henrique Cláudio de Lima Vaz, em seu excepcional estudo da dialética platônica: "O aspecto peculiar do problema do 'vir a ser' das coisas é a questão dos contrários. Parecem convir às coisas atributos ou propriedades que, em sua razão mesma, se opõem entre si, de modo que um seja a exclusão do outro. Tais são, por exemplo, a 'grandeza' e a 'pequenez', e, todavia, do mesmo Símias se diz ser ele 'grande' (com respeito a Sócrates) e 'pequeno' (com respeito a Fédon). Do problema assim posto, Heráclito fora levado a afirmar o fluxo das coisas e a convergência dos contrários na unidade, mas Parmênides fora levado a negar todo movimento e a predicação que não exprimisse a identidade. Porém, se toda realidade existe por participação na realidade que seja simplesmente 'tal', abre-se uma terceira via que sustenta tanto a oposição dos contrários como a possibilidade da predicação. Com efeito, se Símias é 'grande' com respeito a Sócrates, não o é como Símias, mas enquanto participa da 'grandeza', e é dito também 'pequeno' com respeito a Fédon enquanto participa da 'pequenez'; esses dois contrários não convergem numa unidade tal (Símias como Símias), mas o 'sujeito' Símias é dito 'pequeno' e 'grande' segundo a relação contrária às Ideias de 'grandeza' e 'pequenez', as quais são absolutamente contrárias entre si. O que decorre daí? Essa relação 'ideal' de contrariedade entre 'pequenez' e 'grandeza' faz que, quando o sujeito Símias é dito 'pequeno' e, com respeito a Fédon, não possa também ser dito 'grande'; ou, advindo a Símias a relação de 'grandeza', com respeito a Fédon (por exemplo, se Símias crescesse mais do que Fédon), a 'pequenez' necessariamente reduziria ou seria destruída. Porque a relação de 'pequenez' ocorre a Símias 'acidentalmente' [...], ele mesmo pode receber em si a relação contrária (de grandeza) com respeito a uma outra referência (por exemplo, com respeito a Sócrates). Esse primeiro exemplo é muito simples e, no entanto, já está contida nele, claramente, a 'originalidade' do método platônico" (LIMA VAZ, H. C. *Contemplação e dialética nos diálogos platônicos*. Tradução do latim por Juvenal Savian Filho. São Paulo: Loyola, pp. 105-6).

Antes de mais nada, notemos que a palavra *dialética* aparece aqui claramente. Segundo Lima Vaz, o "esforço para alcançar a unidade do mundo ideal é atribuído por Platão precisamente à atividade da dialética em seu sentido mais próprio, a qual deve conduzir à visão terminal" (LIMA VAZ, *op. cit.*, p. 100).

Ora, em passe de armas típico, Platão nomeia a dialética, inaugurando em certa medida o uso do termo ou a maneira pela qual, a partir de então, a identidade seria resultado da operação de um dispositivo mediado, isto é, de um modo de separação dos predicados, tanto em relação a terceiros (Símias *alto* em relação a mim e *baixo* em relação a meu irmão, tanto quanto Símias tem *boa memória* quando jovem, *memória ruim* na senectude) quanto em relação à mesma substância, *sujeito* da predicação. A dialética seria um modo de separação dos predicados tendo como pressuposto mais geral a impossibilidade de um sentido forte

– cosmológico e ontológico – da contradição, isto é, a bipolaridade da proposição (ser verdadeira ou falsa). Cedem-se, dessa feita, os anéis da contradição para preservar os dedos da identidade.

Dando o nome de *dialética* a certo procedimento do pensamento, Platão a concebe como maneira específica de contornar a contradição. Como explica André Lalande, essa é "a origem do uso da palavra *dialética* num sentido favorável, mas nele próprio ela aplica-se sobretudo à verdadeira distinção dos gêneros e das espécies, à verdadeira explicação das coisas pelas Ideias; e igualmente em Aristóteles o sentido pejorativo não é de início o de vã sutileza, mas antes o de argumentação fundada sobre razões demasiado gerais, superficiais e não retiradas da própria natureza, da própria essência da coisa de que se trata" (LALANDE, A. *Vocabulário técnico e crítico da filosofia*. São Paulo: Martins Fontes, 1999, p. 254, nota).

Em suma, a dialética aparece como diagnóstico e remédio para a doença heraclitiana. Segundo Platão e Aristóteles, Heráclito não foi capaz de aplicar com a devida vênia o método da divisão e sucumbiu à cosmologia da contradição. Sua conhecida obscuridade decorreria daí. Não estranha que Montaigne chamasse a atenção para uma doutrina que pode engolir o leitor em um capítulo sobre a experiência: sem a pílula dialética, não seria a experiência um devaneio desmedido, um delírio, o melhor exemplo daquilo que nos engole, que nos toma, que nos invade *como* a um náufrago à deriva?

Há, porém, que se ter a famigerada paciência do conceito. Não se salta sem mais de Heráclito a Montaigne, e menos ainda de Montaigne a Hegel, no esforço de reabilitar o pensamento da contradição. O modo como Platão dá novo significado ao problema da contradição tem longa posteridade, que não se deve subestimar. Não nos percamos, enfim, na noite em que todos os gatos são pardos.

Vejamos o que diz Luiz Henrique Lopes dos Santos a respeito do diálogo *O sofista*, de Platão: "Esboçada no *Sofista*, reelaborada e refinada por Aristóteles, essa concepção vincula a peculiaridade da proposição enquanto símbolo a duas características fundamentais. Uma é sua *complexidade essencial*; a outra, num recurso anacrônico à terminologia de Wittgenstein, chamaremos sua *bipolaridade*. Esta última é a que Aristóteles salienta no capítulo 6 [do tratado *Da Interpretação*]. Dados dois nomes, sujeito e predicado possíveis de um enunciado predicativo afirmativo ou negativo ('A é B', 'A não é B'), abre-se uma alternativa no plano das coisas e uma no plano da enunciação. As coisas nomeadas podem existir combinadas ou separadas; pode-se enunciar que existem combinadas ou que existem separadas. O enunciado afirmativo realiza a primeira possibilidade enunciativa em detrimento da segunda; o negativo realiza a segunda em detrimento da primeira. Se a possibilidade enunciativa realizada corresponde à possibilidade realizada no plano das coisas, o enunciado é verdadeiro; caso contrário, é falso" (LOPES DOS SANTOS, L. H. "Apresentação". In: WITTGENSTEIN, L. *Tractatus logico-philosophicus*. Trad. Luiz Henrique Lopes dos Santos, São Paulo: Edusp, 2001, p. 21).

De certo modo, Luiz Henrique Lopes dos Santos resume o resultado mais importante do parricídio platônico: a sofisticação, falando em sentido bastante amplo, das filosofias da identidade. Essa caracterização nos é sobremaneira importante, pois é a partir dela que, em boa medida, o pensamento da contradição recupera seu próprio passo.

Se retomamos, a título de exemplo de formalização, os movimentos específicos que faz Platão em *O sofista*, notaremos duas passagens-chave, ancestrais da formalização fina que descreve Luiz Henrique Lopes dos Santos: a recusa da imobilidade lógica e ontológica do ser, por ser *contraditória* com o "ser" do discurso, exige uma refutação que, ao corresponder a fundo aos brios parmenidianos, preserva o princípio da identidade e da não contradição. Por outro lado, esse mesmo movimento acaba por deslocar a contradição à superfície da identidade reencontrada, o que significa que a identidade (A = A) se dá mediatamente e não de modo absoluto, como queria a escola eleata: *o ser é uno*.

Diz-nos o Estrangeiro de Eleia, personagem platônica:

> *Estrangeiro*: E qual? Dos que dizem que o todo é um, façamos de nossa parte todo o esforço para apreender o que podem querer dizer por ser?
> *Teeteto*: Como não tentar?

Estrangeiro: Perguntemos-lhes, pois, o seguinte: Vós afirmais, creio eu, que há um ser? – "Afirmamos", tal será, não é mesmo, a resposta deles?

Teeteto: Sim.

Estrangeiro: E, assim, sob o nome de ser, entendeis vós alguma coisa?

Teeteto: Sim.

Estrangeiro: É a mesma coisa que um, e neste caso, para um único e mesmo objeto vós empregais dois nomes, ou é outra coisa?

Teeteto: Que responderiam a isso eles, Estrangeiro?

Estrangeiro: Evidentemente, Teeteto, para quem coloca tal hipótese [da unicidade do ser], a presente questão e, aliás, toda outra e qualquer questão, não é das mais fáceis de responder.

Teeteto: Como?

Estrangeiro: Confessar que há dois nomes quando se acaba de pôr o um, e nada além do um, é algo um pouco ridículo.

Teeteto: Em quê?

Estrangeiro: Quem põe o nome além da coisa enuncia, de fato, duas coisas.

[...]

Estrangeiro: Com efeito, meu caro amigo, obstinar-se a separar tudo de tudo não é apenas ofender a harmonia, é ignorar totalmente as Musas e a Filosofia.

Teeteto: Por que, pois?

Estrangeiro: É a maneira mais radical de nadificar todo discurso a de isolar cada coisa de todo o resto; pois é pela mútua combinação das formas que o discurso nasceu.

Teeteto: É verdade.

Estrangeiro: Veja, pois, como é oportuno conduzir a batalha contra essas gentes [os eleatas] e os levar a tolerar a combinação e mistura mútua.

Teeteto: Oportuno por que motivo?

Estrangeiro: Para guardar o discurso no conjunto dos gêneros do ser. Privarmo-nos disso, com efeito, seria de início perda suprema, privarmo-nos da Filosofia. Mas, de mais a mais, nesse momento, é-nos necessário estabelecer juntos uma definição de discurso. Se fôssemos frustrados, recusando absolutamente ao discurso o ser, isso significaria nos tomar, em suma, toda a possibilidade de discorrer sobre o que quer que seja.

Teeteto: Tens razão nesse ponto. Mas não compreendo por que teríamos agora, em comum, de definir o discurso.

Estrangeiro: Eis, talvez, quais reflexões, se você me acompanha, far-te-iam mais facilmente compreender o que digo.

Teeteto: Quais?

Estrangeiro: Descobrimos que o não ser é um gênero determinado entre outros gêneros e que se distribui em toda sequência dos seres.

(PLATÃO. *Le sophiste 244b-244c; 259e-260b*. Trad. Auguste Diès. Paris: Belles Letres, 1925, pp. 80-4. Tradução nossa.)

As duas passagens de *O sofista* articulam o que Luiz Henrique Lopes Santos indicava como a *suscetibilidade* de a forma proposicional entrelaçar-se no real: "que seu entrelaçamento seja efetivamente real é uma condição de verdade da proposição, mas não de sua significatividade" (LOPES DOS SANTOS, L. H., *op. cit.*, p. 21).

Falar das coisas exige o discurso, mas o discurso como tal opera no regime do não ser, sem o qual nada pode ser dito: dizer as coisas se faz em meio ao vazio de ser que permite dizer o que quer que seja. A sabedoria popular reforça: o dito pode ser o não dito. Desse vazio o discurso não pode prescindir. Por seu turno, esse vazio não é *absoluto*: a significabilidade tem forma; e sua transgressão implica que, antes de ser ou não real a função de realidade de um sentido qualquer, o sentido não pode sequer se colocar.

A sábia separação entre significação e realidade, por outro lado, é a formalização, em termos inéditos então, do deslocamento para o qual chamávamos a atenção: a unidade dos contrários, profissão de fé heraclitiana, deslocou-se para a esfera da significabilidade em geral, possível graças ao não ser do discurso. Mas a prova da realidade permanece orientada pela filosofia da identidade: representar a realidade passa pela assunção formal da bipolaridade da proposição, isto é, um *ou* inclusivo (tal como uma conjunção aditiva *e*: quente ou frio ou os dois termos) vale apenas para o *discurso*, segundo as condições formais do discurso. A função de realidade de uma proposição qualquer acaba por exigir um *ou* exclusivo (ou quente ou frio, nunca os dois termos). Trata-se de um efeito da bipolaridade formal da proposição: ou ela é verdadeira ou é falsa.

O movimento que fizemos, em alguma medida dramatizando o "debate" pré-socrático entre Heráclito e Parmênides, consistiu em mostrar como, por meio de

Platão e Aristóteles, o pensamento da contradição, de extração heraclitiana, é "superado". Essa superação significou, em termos cosmológicos e ontológicos, um deslocamento da contradição para a "superfície" sensível da experiência, e, em termos formais, para a "opinião", o "discurso", exigindo de nós uma "depuração" da experiência com a medida da *Ideia*. Um "discurso" sem *Ideia* seria mero palavrório. Em termos lógico-formais, esse movimento significa a circunscrição de um espaço de significação para o não ser e para a contradição, o discurso, por oposição a uma ordem própria da identidade e da não contradição, o real.

O nome do expediente por meio do qual ser reencontra mediatamente a identidade até então perdida no fluxo do rio heraclitiano foi *dialética*.

É diante desse arranjo que se entende por que a dialética refugiou-se por muito tempo no lugar da fraseologia e do palavrório: malabarismos no vazio do não ser do discurso, naturalmente.

Damo-nos por vencidos então? Seremos afinal afogados pelo peso *morto* da doutrina de Heráclito? Não! Continuemos nosso caminho.

3. O avesso da dialética

O desenvolvimento reflexivo que fizemos na Introdução e nos capítulos 1 e 2 pretendia mostrar o modo como a mudança, a variação e a oposição foram acomodadas formalmente em uma filosofia da identidade. A intenção era indicar a maneira como a tese de que partíamos, da unidade dos contrários, fora reenquadrada formalmente em um pensamento que preservava o princípio de identidade e da não contradição. O veredito era mais ou menos definitivo, nos seguintes termos: houve um arranjo formal que, ao separar o sentido da proposição de sua realidade, de seu *ser*, reduziu a contradição à contrariedade ou ao contrassenso. O que uma proposição ou um enunciado diz não implica que ele o seja; há uma descontinuidade entre o *sentido* do que é dito e o *ser* do que é dito. Ainda que o sentido de um enunciado qualquer seja suscetível de dizer algo a respeito do ser de alguma coisa, essa suscetibilidade não é dada meramente pelo fato de o enunciado fazer sentido. Em outros termos, o sentido é condição necessária mas não suficiente da verdade de um enunciado qualquer. Deparamo-nos, quase sem querer, com a glosa de Pedro Abelardo (1079-1142) a um problema clássico, de extração aristotélica, que perpassa toda a Idade Média e tem evidente parentesco com tudo o que já foi exposto: para toda rosa enunciada deve haver, melhor, deve-se supor uma rosa existente? A correlação entre o sentido e o ser que supõe o sentido seria estrita? Não, respondeu com elegância Abelardo, caso contrário não se poderia dizer "nenhuma rosa existe". O não ser do discurso, já identificado pelo Estrangeiro de Eleia no diálogo platônico, reaparece aqui com toda a sua eficácia. Seu efeito mais notável é a constatação formal e ontológica de que o discurso pode falar do que não é, de que a esfera do sentido é mais extensa, de uma extensão vazia, porém maior do que a ordem do ser. O exemplo, enfim, reitera a "dimensão de não ser" do discurso, tal qual descrito pelo Estrangeiro de Eleia, em *O sofista*. O "não ser" do discurso deve acomodar a multiplicidade e a variedade do sentido próprio da linguagem, aquém da verdade e da falsidade do enunciado, função do real.

A constatação que nos interessa, a partir da descrição dos expedientes dialéticos das filosofias da identidade, é a seguinte: para haver rigorosamente um pensamento dialético, é preciso que se mostre o quanto a acomodação da contrariedade e da oposição (diferentes da contradição) é insuficiente formal e materialmente para neutralizar não apenas a contradição do discurso, mas também uma possível contradição das *coisas*, do *ser*.

Neste ponto de nosso caminho, a referência a Immanuel Kant (1724-1804) é essencial. Diz o filósofo alemão: "Chamamos acima [no livro *Crítica da razão pura*] a dialética em geral de uma *lógica da aparência*. Não significa isso que seja uma teoria da *verossimilhança*, porque a verossimilhança é uma verdade, embora conhecida por razões insuficientes; verdade, pois, cujo conhecimento é deficiente, mas nem por isso é enganador, não devendo, por conseguinte, ser separado da parte analítica da lógica. Ainda menos se deverão considerar idênticos o *fenômeno* e a *aparência*. Porque a verdade ou a aparência não estão no objeto, na medida em que é intuído, mas no juízo sobre ele, na medida em que é pensado. Pode-se pois dizer que os sentidos não erram, não porque o seu juízo seja sempre certo, mas porque não ajuízam de modo algum. Eis por que só no juízo, ou seja, na relação do objeto com nosso entendimento, se encontram tanto a verdade como o erro e, portanto, também a aparência, enquanto induz a este último" (KANT, I. *Crítica da razão pura*. Trad. Manuela Pinto dos Santos e Alexandre Fradique Morujão. Lisboa: Fundação Calouste Gulbenkian, 1994, p. 295).

Com esses termos, Kant abre a "Dialética Transcendental", segunda divisão da "Lógica Transcendental", parte da obra *Crítica da razão pura*. Seu papel é estratégico por operar uma arqueologia da razão pura (a razão pensada em sua estrutura mesma, independentemente de conteúdos). Kant observa haver um tipo de contradição que não é mera derrapagem da linguagem ou mero palavrório; em vez disso, esse tipo diz respeito ao modo como funciona a própria razão. A força retórica (porque ilusória, mas em novo sentido) da aparência não é mera sedução psicológica; é da ordem da própria razão. Daí a novidade kantiana e o papel-chave da Dialética Transcendental: há uma pista real de uma contradição não prevista.

Dessa retomada é possível compreender a natureza do problema que a retomada kantiana da *dialética* repõe. O problema kantiano, ou o problema crítico em sentido mais geral, tem um insuspeito parentesco com o desenvolvimento sumário que sugerimos também aqui, muito ligado ao diálogo *O sofista*, de Platão. Também para Kant trata-se de investigar a suscetibilidade de o sentido posto ser sentido real. A essa suscetibilidade Kant chama de transcendental, organizando-a mediante as faculdades da razão pura.

A operação por excelência da razão é o juízo; e, do ponto de vista do projeto de crítica ou análise da razão, igualmente para Kant surge a dificuldade de entender que pode haver "mais" sentido, muito mais sentido do que realidade. A filosofia crítica seria o que disciplina esse descompasso; o tribunal da razão pura seria o juiz do bom juízo. Ora, constatar que há mais sentido do que realidade, nessa formulação prosaica, parece trivial. Quem discordaria?, cabe perguntar. Mas há desdobramentos específicos. Em Platão, o excesso de sentido, somado a uma deliberada *confusão* discursiva (uma *hýbris*), produz o famigerado *sofista*, vendedor de discursos sobre tudo e qualquer coisa, imune a qualquer teste de verdade. No caso kantiano, o metafísico faz as vezes do sofista. A metafísica viveria da confusão entre conhecimento e pensamento, entre juízo e mera representação subjetiva. A figura do metafísico, visto como portador de uma pseudociência, é agora quem abusa do sentido, falando de coisas (objetos) que não pode conhecer. A elas não se pode conhecer porque já não *significam* mais, ainda que tenham a aparência de representações e nos convençam em um primeiro momento. As famosas condições de possibilidade kantiana (como é possível que eu conheça algo?; quais as condições de possibilidade para que haja conhecimento?) servem para determinar sob que condições os significados *fazem adequadamente sentido* e são suscetíveis de ser reais, determinando, ao mesmo tempo, em quais condições eles são mera fraseologia.

A solução kantiana esbarra em algumas complicações que nos interessam sobremaneira. A primeira, por ordem de apresentação, é a da *aparência transcendental*. O que seria isso? Numa palavra, é o que ocorre quando o sentido tem a aparência de ser real, mas essa dimensão aparente de realidade, sendo ilusória, resulta de uma espécie de deformação formal na formação do sentido, não de ordem psicológica, mas proveniente da própria razão. Como tal, a aparência que se forma é transcendental.

Expliquemos melhor: posso me enganar empiricamente, como em uma ilusão de ótica qualquer. Nesse caso, o engano está do lado da realidade. E a crítica ao engano depende de uma crítica empírica. Por exemplo, se sou míope e passo a usar óculos, o que antes me parecia disforme passa a ter forma definida. No entanto, vejo a mesma paisagem. A imagem disforme sem crítica dá lugar à imagem definida com *crítica*. É a mesma, porém, que se forma no fundo de meu olho. "Crítica", aqui, é o modo pelo qual eu desloco a imagem desfocada para a posição adequada de foco. A aparência transcendental funciona de maneira análoga, mas em outra ordem. A constatação de Kant é que, mais agudo do que um problema de foco, há um ponto cego no mecanismo do conhecimento que me dá as condições de possibilidade do sentido das coisas, do real como função do sentido. A suscetibilidade formal de um enunciado qualquer ser *real* subverte-se, devido a esse ponto cego, com o agravante de que aquilo que ele não poderia mais entregar, o real, *aparece necessariamente como real*, devido à sua deformação formal. Há, portanto, um excesso de sentido bem motivado por essa subversão, algo que daria legitimidade relativa tanto ao sofista quanto ao metafísico. Ambos falam de uma experiência comum, mesmo que a rigor não seja *real*. Da constatação desse expediente passamos ao segundo embaraço que enfrenta Kant no seu esforço hercúleo de crítica ou análise da razão: aquilo que, na língua de Kant, chamou-se *antitética da razão pura*.

Diz Kant: "Se a tética é todo o conjunto de teorias dogmáticas, por antitética entendo não afirmações dogmáticas do contrário, mas o conflito de conhecimentos dogmáticos em aparência (*thesis cum antithesis*), sem que se atribua a um, mais do que a outro, um direito especial à aprovação. A antitética não se ocupa, pois, de asserções unilaterais; considera unicamente conhecimentos gerais da razão no conflito dos mesmos entre si e nas causas desse conflito. A antitética transcendental é uma investigação sobre a antinomia da razão pura, de suas causas e do seu resultado. Quando não nos limitamos a aplicar a nossa razão, no uso dos princípios do entendimento, aos objetos da experiência, mas ousamos alargar esses princípios para além dos limites dessa experiência, surgem teses *sofísticas*, que da experiência não devem esperar confirmação, nem tem de temer refutação, e cada uma delas não somente não encerra contradição consigo própria, mas encontra mesmo na natureza da razão condições da sua necessidade; a proposição contrária, porém, infelizmente, tem por seu lado fundamentos de afirmação igualmente válidos e necessários" (KANT, I., *op. cit.*, pp. 288-9).

Segundo esse trecho de Kant, o desdobramento da aparência transcendental leva-nos a uma antitética da razão pura, espécie de substrato tóxico da aparência transcendental. O que reencontramos na antitética da razão pura? Reencontramos teses contrárias, que se constituem por meio da razão pura e têm, portanto, legitimidade relativa; elas não se anulam, mas, pelo contrário, se equivalem. A *sofística*, como reconhece Kant, teria uma sede na razão pura. Nesse ponto já é possível reencontrar a contradição, em sentido próprio, como experiência da própria razão consigo mesma.

Recapitulemos. Trata-se de pensar que, para além de todo o esforço de depuração do sentido, de purificação do sentido conforme a medida da identidade (alinhavando, nesse processo, sentido, realidade e verdade ou falsidade), haveria uma porção do sentido possível não assimilável à identidade postulada, exigindo um novo remédio. A aparência transcendental transborda para uma antitética. A antitética significa que teses contrárias, construídas com a gramática da aparência, ilusória, mas não descabida (mais do que uma aparência qualquer, aparência transcendental), se equivalem e instalam a contradição – aparente – no coração da razão.

A solução kantiana empresta a mesma palavra mágica de Platão: *dialética*. Ocorre que aqui o problema não é mais da ordem da mera predicação. Daí uma *dialética transcendental*. Parece que Kant considera o problema mais profundo; a perversão da razão iria mais longe; e o remédio seria reconstituir esse momento desviante da razão, reconduzindo o "objeto" visado por essa nova sofística à sua condição de necessária aparência.

Como já vaticinou um sábio dialético, o *topos* dialético por excelência é uma antinomia. E se a antitética da razão pura não se remetesse à mera aparência? E se finalmente puxássemos o fio da contradição?

4. A dialética e suas aventuras

O embaraço de Kant foi descobrir que, ao pretender realizar a autópsia das faculdades da razão pura, viu que o morto ainda estava vivo. Vivíssimo, talvez. Pelo menos na aparência negada, na dialética transcendental e em sua antitética.

Com efeito, a contradição, desde o reenquadramento da sintaxe heraclitiana, havia sido deslocada ao espaço *abstrato* (separado) das identidades ou essências que se opunham mas não se negavam. Essa *negação abstrata* torna possível não apenas dizer que Símias é mais alto do que Teeteto e menor do que o Estrangeiro de Eleia (ou Kant ser mais pesado que Hegel e mais leve que Goethe), mas também que eu afirme ter estado, no mês passado, mais magro do que ontem, sem que com isso dois predicados opostos se *neguem* no mesmo sujeito e no mesmo ato de julgar, essencial para toda filosofia do entendimento (isto é, toda filosofia da identidade). Parece, portanto, que há duas negações em curso de apreciação aqui: uma que funciona abstratamente e se depreende da separação entre condições de significação (o que se exige em termos lógicos e ontológicos para uma proposição fazer sentido) e condições de realidade (o que daquilo que faz sentido é real), e outra negação que opera no cruzamento do sentido e da realidade, negando *duplamente*, submetendo as diferenças empíricas (meramente exteriores) e ontológicas a uma mesma negação.

Até aqui, não haveria muitos reparos a serem feitos ao notável arranjo do Estrangeiro de Eleia que, cometendo aparentemente um parricídio, exilava finalmente a contradição de seu lugar *real*. Variando a sofisticação e o alcance com que cada uma das versões das filosofias da identidade dá conta da predicação e do *conflito de predicados* por meio de um expediente que podemos agora chamar de negação *abstrata*, não havia nada que sucumbisse ao canto da sereia da contradição. A melhor característica desse modo de negação é que ela se dá exclusivamente nos predicados, isolando-os do sujeito. Os predicados opõem-se uns aos outros, não ao sujeito posto.

Essa crônica poder-se-ia encerrar nesse quase obituário da contradição, não fosse o embaraço em que Kant se descobre quando se dá conta da *aparência transcendental*. Ora, ainda que seja uma *aparência*, descobre-se um caso da razão em que os predicados não se negam sem negar *moto continuo* o sujeito. A natureza da afirmação não funciona de modo a poder separar-se a razão (sujeito da nossa proposição) do que é dito pela razão: essa predicação específica captura (de modo imprevisto) a própria razão e culmina com a antitética da razão pura. O imprevisto uso transgressor da razão revela a incapacidade (falta de potência) de a razão pôr a diferença da oposição no interior de si mesma: não é mais possível negar a tese sem desvincular a negação da posição da própria razão como tal. Se o diagnóstico de Kant sugere haver um passo mal dado em algum momento, a indicação de uma *aparência transcendental* não vai em outro sentido. Caberá a Georg W. F. Hegel reinventar o problema.

No dizer de Hegel, o "movimento *dialético* que a consciência realiza em si mesma, tanto no seu saber quanto no seu objeto, *enquanto*, a partir dele, *o novo objeto verdadeiro* surge para a consciência mesma, é chamado propriamente *experiência*. Nessa ordem de ideias deve-se ainda salientar, no processo que acaba de ser mencionado, um momento por meio do qual será lançada uma nova luz sobre o aspecto científico da exposição que vamos empreender. A consciência sabe *alguma coisa*, este objeto é a essência ou o *em-si*. Mas também para a consciência ele é o *em-si*. Com isso entra em cena a ambiguidade desse verdadeiro. Vemos que a consciência tem agora dois objetos: um, o primeiro *em-si*, o segundo, o *ser-para-ela desse em--si*. À primeira vista este último parece ser somente a reflexão da consciência em si mesma, uma representação apenas do seu saber do primeiro objeto, e não um objeto enquanto tal. No entanto, tal como já foi antes mostrado, o primeiro objeto muda para a consciência no curso do processo. Ele deixa de ser o *em-si* e torna--se de tal sorte para a consciência o que é o *em-si* somente *para ela*. Desse modo, entretanto, *o ser-para--ela desse em-si* é então o verdadeiro, ou seja, é a *essência* ou é o seu *objeto*. Esse novo objeto contém a nadidade do primeiro e é a experiência que sobre ele foi feita" (HEGEL, G. W. F. *A fenomenologia do espírito*. Trad. Henrique Cláudio de Lima Vaz. São Paulo: Abril, 1980, p. 39. Col. "Os Pensadores").

Chegamos enfim à antessala da versão moderna por excelência do pensamento dialético. É o próprio Hegel, no trecho final da introdução de *A fenomenologia do espírito*, quem explica, a nós que vivemos na contradição sem o saber, como se pode pensar *adequadamente* com espírito de contradição. O vivo que era considerado morto é o próprio movimento da consciência, indo de si para si mesma: ao reencontrar sua finitude, descobre o que a ultrapassa.

O movimento do que se considerava *morto* e agora *anda* é o movimento que vai do predicado ao sujeito e do sujeito ao predicado. Hegel descreve em linguagem especulativa *e* dialética o modo como a consciência, tomando o objeto (digamos, um predicado qualquer) como essência *em-si*, em sua finitude, acaba por assumir o *em-si-para-ela-mesma* do predicado como o em--si do predicado, operando uma diferença do mesmo para o mesmo – do mero objeto ao objeto para ela mesma –, do objeto a conhecer para o objeto conhecido. Sendo o mesmo objeto, como poderia um predicado qualquer ser outro, o predicado que eu conheço, o em-si para mim do objeto? Com essa diferença, o objeto *em-si* e o *em-si-para-mim* do objeto alcançam o sujeito da operação, a própria consciência. Ao tomar esse duplo objeto (o mesmo *para mim* e o *nada* que o separa de ser pura essência em si), a consciência incorpora, por meio desse *nada*, a experiência do objeto e de si própria. Seu movimento, por meio de sua *nadidade*, que põe o mesmo como outro, põe a si própria como outra de seu mesmo; é seu mais próprio movimento. Essa experiência, por sua vez, já é um esboço do que depois será chamado de *negação determinada*.

Sem sobrevalorizar a passagem de Hegel que acabamos de ler, é preciso lembrar que ela não explica toda a dialética hegeliana. Mas ela permite constatar o modo como a análise de Hegel reencontra e retoma o fio da contradição, a partir da herança kantiana. A descrição da experiência da consciência – com vista à crítica a Kant – tem por fim mostrar como o predicado (ou objeto) altera-se à medida que "realiza" seu sentido como objeto do conhecimento – de objeto meramente exterior a objeto conhecido, objeto *da* consciência. Evidentemente se trata do *mesmo* objeto, mas ele *se nega*, tal como descreve Hegel. Essa negação, que marca a diferença do objeto em relação a ele mesmo, é uma negação que se dá *no* próprio objeto, imanente a ele.

5. Conclusão

Em se tratando de textos dialéticos, o começo pode ser o fim; e, naturalmente, o fim pode ser o começo.

Nosso percurso neste livro pretendeu recuperar elementos formadores de uma tradição não dominante, partindo de Heráclito e ensaiando descrever o modo como o legado heraclitiano foi, em um primeiro tempo, ajustado à tradição dominante, para, posteriormente, ser recuperado e atualizado. Chegamos assim a esta conclusão, que não se encerra em si mesma, em bom sentido dialético.

Um notável arqueólogo da dialética, Gérard Lebrun, assim se exprimia: "Como a intuição de Heráclito pode ser legitimada? Sob quais condições rigorosas um conteúdo pode ser pensado como o outro de seu Outro e a diferença não mais ser imaginada como uma diversidade de indiferentes? Ou ainda: como pensar o negativo para estar em medida de descrever *sem restrições* a diferença?" (LEBRUN, G. *La patience du concept*. Paris: Gallimard, 1972, p. 282. Tradução nossa).

É a negação determinada que alcança o sujeito da predicação, até então posto a salvo desde o parricídio do Estrangeiro de Eleia, passando pela indeterminação da diversidade dos indiferentes. Não é a identidade que se esmaece. É a contradição que retorna e abre uma clareira na floresta da identidade.

O não ser heraclitiano, esse vertiginoso outro do ser posto, *negação determinada* em uma língua da qual nem remotamente Heráclito suspeitaria ser o falante ancestral mais notável (o frio *deste* quente, o movimento *daquele* repouso), deve significar a mais inusitada e radical experiência do outro, ainda que três séculos de recusa e domesticação da alteridade, por meio das filosofias do entendimento, tenham obscurecido muito mais do que o devido a herança de Heráclito, a ponto de fazer parecer profecia o que era *apenas* contradição.

No dizer de Ruy Fausto, seria possível "relacionar criticamente esse espaço de obscuridade necessária [da dialética] com o visar (*meinen*) das filosofias não dialéticas, filosofias transcendentais, mas também Wittgenstein. [...] Expresso à maneira das filosofias não dialéticas da significação, esse halo obscuro poderia ser pensado como contendo intenções não preenchidas. Para a dialética, se trata, entretanto, de intenções que não podem nem devem ser preenchidas. Ou ainda: a obscuridade é capturada pelo conceito como determinação do conceito" (FAUSTO, R. "Pressuposição e posição: dialética e significações obscuras". In: *Marx: lógica e política II*. São Paulo: Brasiliense, 1987, pp. 149-50).

Reencontramos, no texto de Ruy Fausto, o epíteto heraclitiano, com a devida justificativa lógico-dialética. A obscuridade põe o que não pode ser clarificado porque se determina como obscuro. A língua dialética encontra a forma de sua melhor tradução.

Encerramos assim, às escuras?

Antes, uma última parada: "Por um lado, se a dialética apareceu como o discurso que suprime a fundação (primeira), esta supressão (*Aufhebung*), inserida no quadro do esquema totalizante, se apresenta como uma espécie de 'suspensão' do ato de fundar à espera do *transcurso do tempo* (do tempo da 'pré-história'). É necessário que esse tempo transcorra para que se possa proceder à fundação. Assim, o ato de fundar é de certo modo 'posto entre parênteses', 'posto fora de circuito', em benefício (do transcorrer) do tempo. Ora, esse relacionamento da *Aufhebung* [...] com o tempo permite enriquecer a comparação entre a dialética e os discursos do entendimento. Com efeito, se pensarmos que essa relação com o tempo é igualmente a relação com o mundo, podemos dizer: se os discursos do entendimento (a filosofia transcendental em particular) põem entre parênteses o mundo (o tempo) para proceder ao ato de fundar, a dialética põe entre parênteses o ato de fundar para se apropriar teórica e praticamente do mundo" (FAUSTO, R. *Sentido da dialética. Marx: lógica e política*. Petrópolis: Vozes, 2015, p. 56).

Tanto em Corneille quanto em Molière há um *enjeu* (dispositivo) notável: um ponto de suspensão do sentido dramático, uma certa técnica de *mise-en-scène* que deixa o sentido em *suspenso* para, adiante, virando o ponteiro do relógio dramático, ser recuperado e recolocado em cena; ser *posto*. Tanto o romance policial quanto o cinema de suspense lhe são devedores. E se pensássemos em uma certa comédia em que o sentido é suspenso não para ser retomado adiante, mas, antes, para que se ponha o seu contrário? E se o suspense fosse essa vertiginosa suspensão da própria identidade?

O que se perderia em técnica de cena ganhar-se-ia em apropriação do mundo. A dialética não é exatamente o mundo às avessas. É o avesso do mundo posto em pé: suspenso.

Concluamos enfim com o mundo, lugar natural da dialética. O que cada um diz do outro é a verdade, mas não o que diz de si. Assumimos a contradição para, afinal, não nos contradizermos: eis o novo arranjo da Filosofia e seu fundamento. O fundamento negado é também uma variação do método como improviso, com todas as suas nuanças. Sentimento da dialética e espírito de contradição organizado.

OUVINDO OS TEXTOS

Texto 1. Platão (428-348 a.C.), *Retórica e dialética*

[Sócrates falando a Pólos, filósofo grego:] Tu procuras refutar-me com provas de advogado, assim como se faz nos tribunais. Com efeito, nos tribunais, os advogados acreditam refutar seu adversário quando produzem, apoiados em suas teses, testemunhas numerosas e consideráveis, de modo que seu adversário não consegue produzir um só testemunho em seu favor. Mas essa maneira de refutar não tem valor para descobrir a verdade, porque podemos ter contra nós falsas deposições de numerosas testemunhas consideradas sérias. Eu sei, no entanto, que, no tocante ao teu comportamento, quase todos os atenienses e estrangeiros sustentarão a tua opinião: tu queres produzir testemunhas para confirmar que eu não digo a verdade. Tu conseguirás fazer depor em teu favor Nícias [político ateniense que utilizava sua riqueza para garantir a carreira política], filho de Nicérato, e seus irmãos, cujos tripés [peças de bronze oferecidas aos deuses; sinais de grande riqueza] podem ser vistos no santuário de Dionísio. Conseguirás fazer depor também Aristócrates [militar ateniense], filho de Célio, de quem procede aquela bela oferta que se pode ver em Píton. Se quiseres, ainda, farás depor a casa inteira de Péricles ou qualquer outra família que te agrada em Atenas. Eu, porém, embora me encontre sozinho, não me rendo, pois tu não me convences. Tu só produzes contra mim uma multidão de testemunhas falsas, com o fim de roubar o meu bem e a verdade. Se eu não consigo produzir a ti mesmo, e somente a ti, como testemunha, e se não te convenço quanto ao que eu mostro, então considero que não tenho nada válido para resolver a questão que nos ocupa. Mas também considero que tampouco tu fazes algo de válido se eu mesmo não chego a testemunhar em teu favor e se tu não dispensas todos essas testemunhas falsas. Há, portanto, um modo de refutar, tal como tu o concebes junto com teus companheiros; há, porém, outro modo de refutar, tal como eu o concebo do meu lado.

PLATÃO. *Górgias*. Trad. E. Chambry. Paris: Garnier, 1967, p. 205. Trecho traduzido por Juvenal Savian Filho, com base na edição francesa *Gorgias*.

Texto 2. François George (1947-), *O dialético platônico é o contrário do sofista*

A posição do primeiro filósofo [Sócrates] com relação à verdade é bastante particular: ele morreu por ela, sem ver tal morte como um acidente, mas como uma necessidade política, porque, antes de ser política, ela era metafísica ou ontológica. "É preciso fugir o mais rápido possível daqui debaixo, lá para o alto", clama seu discípulo [Platão]; afinal, no mundo heraclitiano daqui embaixo, o mundo sensível, o bem terá sempre um contrário. O homem que se dedica à verdade [...] só pode deixar esse terreno livre para o sofista, pescador em águas turbulentas, buscador de sombras e de falsos prêmios, e migrar para esse além suprassensível cuja lei não será nunca o jogo dos contrários. Perante *todos*, quer dizer, precisamente diante da cidade, é o sofista que vence, pois ele é o homem do poder. Aliás, Cálicles avisou Sócrates: "tua verdade – que é talvez a verdade, mas o que importa? –, se tu teimas em sustentá-la, vai acabar esfolando tua pele". O sofista sabe que o discurso se endereça a alguém preciso que não é uma simples inteligência, mas um indivíduo situado, particularizado. O sofista sabe que o discurso é estratégia, que ele produz um efeito sensível ou passional e que não é um puro desvelamento do ser em uma nadificação ou desencarnação do sujeito.

> GEORGE, F. "L'efficacité du vrai". In: *Les Temps Modernes*. Paris, n. 352, p. 594, nov. 1975. Trecho traduzido por Juvenal Savian Filho.

Texto 3. Georg W. F. Hegel (1770-1831), *Sentido, sensível e conceito*

[*Sentido* é uma] palavra admirável, com dois significados opostos. Por um lado, *sentido* designa os órgãos da apreensão imediata; por outro lado, chamamos de *sentido* também o significado, o pensamento, o universal da coisa. Assim, o sentido se refere, por um lado, ao que é imediatamente exterior da existência; por outro lado, refere-se à essência interior dela. Uma consideração plena de sentido, pois, não *separa* os dois lados, e sim numa única direção contém também os lados opostos e concebe imediatamente a essência e o conceito numa intuição sensível imediata. Mas, dado que ela ainda carrega em si mesma justamente essas determinações em unidade ainda inseparável, ela não torna o conceito enquanto tal consciente, mas detém-se em seu pressentimento.

> HEGEL, G. W. F. "Lições de estética". Apud: WERLE, M. A. *A poesia na estética de Hegel*. São Paulo: Humanitas/Fapesp, 2005, p. 55.

Texto 4. Georg W. F. Hegel (1770-1831), *O retorno da consciência sobre si mesma*

Assim, a consciência percorre de novo necessariamente esse círculo mas, ao mesmo tempo, não o faz do mesmo modo como da primeira vez. Com efeito, ela fez a respeito do perceber a experiência de que o resultado e o verdadeiro do mesmo perceber consistem na sua resolução ou na reflexão em si mesmo a partir do verdadeiro. Com isso determinou-se para a consciência a maneira pela qual seu perceber é essencialmente constituído, ou seja, não um simples e puro apreender mas, justamente com o seu *aprender*, o *ser refletido em si* a partir do verdadeiro. Esse retorno da consciência em si mesma que, pelo fato de se ter mostrado essencial ao perceber, *imiscui-se* imediatamente na pura apreensão, altera o verdadeiro. Ao mesmo tempo a consciência reconhece esse lado como seu e toma-o sobre si, com o que mantém o objeto puramente na sua verdade. Com isso sucede agora o que tinha lugar na certeza sensível, ou seja, no perceber apresenta-se um lado pelo qual a consciência é impelida de volta a si mesma, mas não no sentido em que tal acontecia na certeza sensível, a saber, como se a *verdade* do perceber recaísse na consciência.

HEGEL, G. W. F. *A fenomenologia do espírito*. Trad. Henrique Cláudio de Lima Vaz. São Paulo: Abril, 1980, pp. 66-7 (Col. "Os Pensadores").

Texto 5. Jean Hyppolite (1907-1968), *A filosofia hegeliana é uma filosofia da mediação*

Há intermediários entre o sensível e a significação presente somente na linguagem. A transição de um a outro manifesta-se tanto na dialética das artes como na dialética do espírito. Mas não nos devemos deixar enganar pela expressão *intermediários*, pois a filosofia de

Hegel é uma filosofia da *mediação*. A significação, tal como aparece na linguagem, e o sentido como devir do conceito no discurso, são primeiros em relação ao movimento que parece gerá-los. Não há sentido sem linguagem [...], tanto quanto não há sonho para quem nunca acorda.

HYPPOLITE, J. *Logique et existence*. Paris: PUF, 1961, p. 28.
Trecho traduzido por Juvenal Savian Filho.

Texto 6. Karl Marx (1818-1883), *Dialética social do trabalho*

À primeira vista a mercadoria parece ser uma coisa trivial, evidente. Analisando-a, vê-se que ela é uma coisa muito complicada, cheia de sutileza metafísica e manhas teológicas. Como valor de uso, não há nada misterioso nela, quer eu a observe sob o ponto de vista de que satisfaz necessidades humanas pelas suas propriedades, ou de que ela apenas recebe essas propriedades como produto do trabalho humano. É evidente que o homem, por meio de sua atividade, modifica as formas das matérias naturais de um modo que lhe é útil. A forma da madeira, por exemplo, é modificada quando dela se faz uma mesa. Não obstante, a mesa continua sendo madeira, uma coisa ordinária, física. Mas logo que ela aparece como mercadoria, ela se transforma numa coisa fisicamente metafísica. Além de se pôr com os pés no chão, ela se põe sobre a cabeça perante todas as outras mercadorias e desenvolve de sua cabeça de madeira cismas muito mais estranhas do que se começasse a dançar por sua própria iniciativa. O caráter místico da mercadoria não provém, portanto, de seu valor de uso. Ele não provém, tampouco, do conteúdo das determinações de valor. Pois, primeiro, por mais que se diferenciem os trabalhos úteis ou atividades produtivas, é uma verdade fisiológica que eles são funções do organismo humano, e que cada uma dessas funções, qualquer que seja seu conteúdo ou forma, é essencialmente dispêndio de cérebro, nervos, músculos, sentido etc. humanos. Segundo, quanto ao que serve de base à determinação da grandeza de valor, a duração daquele dispêndio ou a quantidade de trabalho, a quantidade é distinguível até pelos sentidos da qualidade de trabalho. Sob todas as condições, o tempo de trabalho, que custa a produção dos meios de subsistência, havia de interessar ao homem, embora não igualmente nos diferentes estágios de desenvolvimento. Finalmente, tão logo os homens trabalham uns para os outros, de alguma maneira, seu trabalho também adquire uma forma social.

> MARX, K. *O capital*. Trad. Regis Barbosa e Flávio Kothe. São Paulo: Nova Cultural, 1984, p. 70 (Col. "Os Pensadores").

Texto 7. Henri Lefebvre (1901-1991), *A dialética contra a mistificação social*

Chamamos *mistificação* a esse momento da consciência social – da ideologia – em que antigas formas, em vias de serem ultrapassadas, tornam-se mentirosas. [...] Habituaram-nos a confiar nas ideias, como se elas fossem virgens eternas, inocentes, inteiramente contidas em seus olhos e em seu rostos. [...] E eis que a dialética nos fala das *artimanhas das ideias*. Mais ainda: as ideias mais ideais são precisamente aquelas que escondem algo totalmente diferente daquilo que elas mostram de si mesmas; sua idealidade pura oculta precisamente forças brutais. A clareza serena da razão encobriu a dominação do imperialismo armado e portador de quepe. [...] Mas uma crítica das mentiras e das mistificações da "sociedade" já foi feita pelos utopistas, os reformadores e sobretudo os idealistas anárquicos. Eles mostraram que a "sociedade" ainda não se deu totalmente como aquilo que ela realmente é. Ela sempre apresenta uma imagem de si mesma como pura e justa, materna, protetora, legitimadora de direitos. A revolta e o crime são dados como farinha do mesmo saco. A punição, como pretende a "sociedade", é um direito espiritual do culpado. [...] Estranho farisaísmo, cujas vítimas são tomadas por atores. [...] Os humanistas anárquicos também denunciaram as mentiras da "sociedade", a *desumanidade* de todas as sociedades passadas. Os marxistas lhes confiaram essa análise (apesar das indicações feitas nas obras de juventude de Marx) e concentraram-se sobretudo em questões econômicas. [...] Mas a teoria da opressão e da consciência oprimida está aí para ser refeita com o realismo dos marxistas, principalmente penetrando nos desvios da ideologia, descuidados em geral pelo pensamento idealista. Somente chegando a análises dialéticas sem a pretensão de validade para todos os tempos e lugares, mas para os momentos históricos precisos, poder-se-ão captar as *formas* *atuais* da alienação e da consciência mistificada.

LEFEBVRE, H. *La conscience mystifiée*. Paris: Gallimard, 1936, pp. 78-80. Trecho traduzido por Juvenal Savian Filho.

Texto 8. Theodor Adorno (1903-1969), *A dialética da automatização*

Marx herdou de Kant e do Idealismo Alemão a tese do primado da razão prática e a tomou de modo agudo, exigindo que se mudasse o mundo no lugar de apenas o interpretar. Assim fazendo, ele subscreveu um programa de dominação absoluta da Natureza, um programa de providência funcionalmente burguês. O modelo objetivo do princípio de identidade irrompe aqui; ainda que como tal seja combatido pelo materialismo dialético: tentar fazer semelhante ao sujeito o que não se lhe assemelha. Mas no modo que Marx retorna ao exterior real que é imanente ao conceito, ele prepara uma reviravolta. O *télos* dessa prática que vem à ordem do dia na sequência dessa reviravolta seria a supressão do primado da prática sob a forma que não cessou de dominar a sociedade burguesa. A contemplação seria possível sem ser inumana, desde que as forças produtivas fossem suficientemente liberadas para que os homens não fossem doravante mais absorvidos por uma prática que os constrange à indigência e que se automatiza neles na sequência. O que há de mal hoje na contemplação, tal qual Aristóteles havia pela primeira vez desenvolvido com a noção de *summum bonum* [bem supremo], está em se contentar de ficar aquém da prática, justamente por sua indiferença em relação à transformação do mundo; ela se tornou uma estreita parte da prática, limitada simultaneamente a método e instrumento.

ADORNO, T. *Dialectique négative*. Trad. Collège de Philosophie (Paris). Paris: Payot, 1966, p. 236. Trecho traduzido por Alexandre O. Torres Carrasco.

Texto 9. Theodor Adorno (1903-1969) e Max Horkheimer (1895-1973), *Esquema mágico, troca racional e fetichismo da mercadoria*

O recurso do eu para sair vencedor das aventuras: perder-se para se conservar, é a astúcia. O navegador Ulisses logra as divindades da Natureza, como depois o viajante civilizado logrará os selvagens oferecendo-lhes contas de vidros coloridas em troca de marfim. É verdade que só às vezes ele aparece fazendo trocas, a saber, quando se dão e se recebem os presentes da hospitalidade. O presente da hospitalidade homérico está a meio-caminho entre a troca e o sacrifício. Como um ato sacrificial, ele deve pagar pelo sangue incorrido, seja do estrangeiro, seja do residente vencido pelos piratas, e selar a paz. Mas, ao mesmo tempo, o presente anuncia o princípio do equivalente: o hospedeiro recebe real ou simbolicamente o equivalente de sua prestação, o hóspede, um viático que basicamente deve capacitá-lo para chegar em casa. Mesmo que o hospedeiro não receba nenhuma compensação imediata, ele pode ter a certeza de que ele próprio ou seus parentes serão recebidos da mesma maneira: como sacrifício às divindades elementares, o presente é ao mesmo tempo um seguro rudimentar contra elas. A extensa mas perigosa navegação na Grécia antiga é o pressuposto programático disso. O próprio Possêidon, o inimigo elementar de Ulisses, pensa em termos de equivalência, queixando-se daquele que recebe em todas as etapas de sua errática viagem mais presentes do que teria sido sua parte nos despojos de Troia, caso Possêidon não lhe houvesse impedido de transportá-la. Em Homero, porém, é possível derivar semelhante racionalização dos atos sacrificiais propriamente ditos. Pode-se contar com a benevolência das divindades conforme a magnitude das hecatombes. Se a troca é a secularização do sacrifício, o próprio sacrifício já aparece como esquema mágico de troca racional, uma cerimônia organizada pelos homens com o fim de dominar os deuses, que são derrubados exatamente pelo sistema de veneração de que são objetos.

ADORNO, T. & HORKHEIMER, M. *A dialética do esclarecimento*. Trad. Guido Antonio de Almeida. Rio de Janeiro: Jorge Zahar, 1985, p. 57.

Texto 10. Ruy Fausto (1935-), *O capital é um Proteu lógico*

O conceito de capital se apresenta assim como um tipo de função ou, antes, como "autofunção" intraproposicional. Poder-se-ia descrever citando um texto de Russell em que ele explica o que não é variável para ele. O que é variável para Russell corresponde suficientemente bem ao que é o capital: "Sem dúvida, na origem, a variável era concebida de um modo dinâmico, como algo que muda com a passagem do tempo, ou, como foi dito, como algo que assume sucessivamente todos os valores de certa classe. Nunca é demais rejeitar essa perspectiva. Se se prova um teorema concernindo n, *não se deve supor que n é um tipo de Proteu aritmético*, que é 1 domingo e 2 na segunda etc. *Não se deve supor que n assume simultaneamente todos esses valores.* Se n representa (*stands for*) não importa qual número inteiro, não podemos dizer que n é 1, nem que ele é 2, nem ainda que ele é não importa qual número particular. De fato, n denota simplesmente não importa qual (*any*) número, e isso é algo bem distinto de cada número e da totalidade dos números. Não é verdadeiro que 1 é um número qualquer, ainda que seja verdadeiro que tudo isso que vale para não importa qual número vale para 1. Logo, a variável exige a noção indefinível de qualquer (*any*) que foi explicada [...]. O que Russell diz não convir à noção científica de variável, e daí a sua função, indica precisamente a direção a seguir para compreender o que é logicamente o capital. É, pois, como sempre, a ideia arcaica de função que convém ao capital. Ele é precisamente esse Proteu (lógico) que Russell quer exorcizar. Ele é 1 agora (um 'agora' simultaneamente lógico e temporal) e 2 'mais tarde'. Ele é simultaneamente todos esses valores."

FAUSTO, R. *Sur le concept de capital: idée d'une logique dialectique*. Paris: Harmattan, 2004, p. 64. Trecho traduzido por Alexandre O. Torres Carrasco.

EXERCITANDO A REFLEXÃO

1. Para auxiliar em sua compreensão deste livro, propomos as seguintes questões:

    1.1. Por que se pode afirmar que a dialética é o vazio de um movimento concreto e real?

    1.2. Em que sentido se diz que a dialética não precisa de preâmbulo?

    1.3. O que significa afirmar que Montaigne se define "a si mesmo" nos *Ensaios*?

    1.4. Explique o que significa, no pensamento de Montaigne, dizer que a dessemelhança não se dá apenas de fato a fato e de homem a homem, mas no mesmo fato e no mesmo homem.

    1.5. Exponha a polêmica entre o mobilismo heraclitiano e o imobilismo parmenidiano tal como registrado por Parmênides.

1.6. O que significa afirmar que o pensamento platônico e o aristotélico deslocam a dialética do plano ontológico para o plano do discurso?

1.7. Explique como Immanuel Kant redescobre a contradição no funcionamento mesmo da razão.

1.8. É possível afirmar que, criticando o pensamento kantiano, Hegel mostra que o objeto altera-se à medida que realiza seu sentido exatamente como objeto conhecido. Explique.

2. Praticando-se na análise de textos:

2.1. Descreva, com base no texto 1, o procedimento do retórico e o procedimento do dialético.

2.2. Com base no texto 2, explique o procedimento retórico do texto 1, associando o sofista ao retor.

2.3. Com base nos textos 3 e 4, explique por que perceber nunca é um simples perceber para a consciência.

2.4. Com base nos textos 3 e 4, explique a metáfora do sonho, presente no texto 5.

2.5. Por que motivo, segundo o texto 6, o caráter místico da mercadoria não viria de seu valor de uso?

2.6. Que relação existe entre o final do texto 7, com a ênfase nas análises dialéticas de momentos históricos precisos, e o início do texto, com sua insistência na mistificação social?

2.7. De que modo o texto 8 alinha dois sentidos de contemplação para pensar, a partir deles, o império da razão prática?

2.8. Quando o texto 9 alinha o esquema mágico e a troca racional, seu objetivo é pensar o fetichismo da mercadoria. Assim, seria possível entender como o mito explica o fetichismo. Desenvolva essa ideia.

2.9. Por que o conceito de capital, no texto 10, pode ser aproximado de uma "não variável", conforme a terminologia de Russell?

DICAS DE VIAGEM

Sugerimos alguns filmes para você assistir tendo em mente o que trabalhamos neste livro:

Elogio do amor (*Éloge de l'amour*), direção de Jean-Luc Godard, França, 2000.
: *Filme notável de Jean-Luc Godard pós-anos 1980. Nas palavras do próprio diretor, trata-se de um filme com começo, meio e fim, mas não necessariamente nessa ordem.*

Não amarás (*Krótki film o milosci*), direção de Krzysztof Kieslowski, Polônia, 1999.
: *Episódio do Decálogo, de K. Kieslowski, em que o imperativo do amor, pouco a pouco, vira seu contrário. Seria a verdade do amor o não amor?*

A febre do rato, direção de Cláudio Assis, Brasil, 2012.
: *Vertiginoso filme de Cláudio Assis, no qual o poeta, tomado pela febre do rato, é o cronista de um mundo de cabeça para baixo.*

Jogo de cena, direção de Eduardo Coutinho, Brasil, 2007.
Excepcional documentário sobre o jogo que se arma entre o discurso e seu portador. Coutinho, com a mão firme de um maestro, filma o jogo dialético por excelência.
Terra em transe, direção de Glauber Rocha, Brasil, 1967.
O Brasil em estado permanente de luta de classes.
Jules e Jim – Uma mulher para dois (*Jules et Jim*), direção de François Truffaut, França, 1962.
Excepcionalmente filmado, um delicado triângulo amoroso entre dois homens e uma mulher é apresentado. Anticonformista, de vanguarda, Truffaut consegue o improvável: impor à audiência a grandeza, a dignidade e o encanto de uma mulher que ama dois homens simultaneamente.

LEITURAS RECOMENDADAS

1. Para que os leitores possam frequentar diretamente as obras que estruturaram o presente livro, indicamos traduções existentes em português:

CHAUI, M. *Introdução à história da filosofia*. São Paulo: Companhia das Letras, 2010, v. I.

COSTA, A. *Heráclito: fragmentos contextualizados*. São Paulo: Odysseus, 2012.

HEGEL, G. W. F. *A fenomenologia do espírito*. Prefácio e Livro I. Trad. Henrique Cláudio de Lima Vaz. São Paulo: Nova Cultural, 1980 (Col. "Os Pensadores").

KANT, I. *Crítica da razão pura*. Trad. Manuela Pinto dos Santos e Alexandre Fradique Morujão. Lisboa: Fundação Calouste Gulbenkian, 1994.

LALANDE, A. *Vocabulário técnico e crítico da filosofia*. Vários tradutores. São Paulo: Martins Fontes, 1999.

LIMA VAZ, H. C. *Contemplação e dialética nos diálogos platônicos*. Trad. do latim por Juvenal Savian Filho. São Paulo: Loyola, 2012.

LOPES DOS SANTOS, LUIZ H. "Apresentação". In: WITTGENSTEIN, L. *Tractatus logico-philosophicus*. Trad. Luiz Henrique Lopes dos Santos. São Paulo: Edusp, 2001.

MARX, K. *O capital*. Livro I. Trad. Rubens Enderle. São Paulo: Boitempo, 2013.

MERLEAU-PONTY, M. "Leitura de Montaigne". In: *Signos*. Trad. Maria Ermantina G. Pereira. São Paulo: Martins Fontes/Martins, 1991 (Col. "Tópicos").

MONTAIGNE, M. *Os ensaios*. Trad. Rosemary Costhek Abilio. São Paulo: Martins Fontes/Martins, 2006. 3 vols.

PARMÊNIDES. *Sobre a natureza*. Trad. José Cavalcante de Souza. São Paulo: Nova Cultural, 1989 (Col. "Os Pensadores").

PEDRO ABELARDO. *Lógica para principiantes*. Trad. Carlos Arthur Ribeiro do Nascimento. São Paulo: Unesp, 2005.

PLATÃO. *O sofista*. Trad. Jorge Paleikat e João Cruz Costa. São Paulo: Nova Cultural, 1984 (Col. "Os Pensadores").

2. Outra obras de interesse relacionadas ao tema:

ADORNO, T. *Dialética negativa*. Trad. Marco Antonio Casanova. Rio de Janeiro: Zahar, 2009.
Livro-chave para compreensão do sentido e da amplitude da tradição dialética, em um esforço para pensá-la

conforme o regime da Atualidade, incorporando elementos da psicanálise e de filosofias antidialéticas.

ARAÚJO DE OLIVEIRA, M. *Dialética hoje: lógica, metafísica e historicidade*. São Paulo: Loyola, 2004.

Tratando o saber filosófico da perspectiva das relações entre teoria e prática, o livro apresenta um debate atual sobre a dialética em três frentes: a estrutura lógica dos procedimentos dialéticos, o problema da interpretação do "todo" da realidade e a historicidade do pensamento como práxis.

DUARTE, R. *Adorno/Horkheimer & A dialética do esclarecimento*. Rio de Janeiro: Zahar, 2002 (Col. "Filosofia Passo a Passo").

Introdução ao pensamento de Theodor Adorno e Max Horkheimer, com ênfase na obra clássica escrita por ambos, A dialética do esclarecimento.

FAUSTO, R. *Sentido da dialética. Marx: lógica e política.* Petrópolis: Vozes, 2015.

Estudo notável que a um só tempo investiga um problema específico – o sentido propriamente dialético da obra de Karl Marx – e tira consequências sobre o destino e a atualidade da dialética, incorporando temas vindos de Theodor Adorno.

KONDER, L. *O que é dialética*. São Paulo: Brasiliense, 1997.

Livro que introduz a história da dialética, desde os tempos em que ela era concebida como arte do diálogo e da discussão, na Grécia Antiga, até os dias de hoje. Centrado na ideia de que a dialética é um modo de pensar que privilegia as contradições, o estudo trata, entre outros, de Heráclito, Diderot, Rousseau, Hegel, Marx, Luckács, Gramsci e Walter Benjamin.

LEBRUN, G. *A paciência do conceito*. Trad. Sílvio Rosa Filho. São Paulo: Unesp, 2006.

Excepcional estudo universitário sobre a dialética, uma exceção nos estudos franceses sobre o tema, seja pela fineza e pertinência da análise, seja pela capacidade de apanhar o problema em seu cerne. Oferece uma notável história filosófica do termo até Hegel, desmobilizando todos os preconceitos teóricos a que o termo "dialética" e o autor, Hegel, ficaram sujeitos.

Impressão e acabamento:

Orgrafic
Gráfica e Editora
tel.: 25226368